멈칫, 쉬어가자

임연자 시집

멈칫, 쉬어가자

초판1쇄 발행 2022년 5월 3일

지은이 임연자
펴낸이 이길안
펴낸곳 세종출판사

주소 부산광역시 중구 흑교로 71번길 12 (보수동2가)
전화 463－5898, 253－2213~5
팩스 248－4880
전자우편 sjpl5898@daum.net
출판등록 제02-01-96

ISBN 979-11-5979-508-4 03810

정가 10,000원

멈칫, 쉬어가자

임연자 시집

세종출판사

시인의 말

누구나 하고픈 말
듣고 싶은 말은 있을 것이다.
아무에게도 할 수 없어
고요히 잠자고 있다.
그를 깨우는 작은 꿈틀거림이 있기에
들여다보고 말로 글로 드러내는 것이
시가 아닐까?
저 자신 늘 부족함을 채우려고
스스로를 다듬으며 담금질 해본다.
한편이라도 메시지를 담아
느껴보려고 한 걸음 한 걸음
내디뎌 본다.
꽃길이 아닐지라도 아득히 먼 길을
바라보며 그 길을 향하련다.
저를 아시는 모든 분들께 깊은 감사를 드립니다.

2022年 4월 뜨락에서

蓮潭 임연자 올림

차례

1부

2부

3부

4부

5부

6부

1부

나팔꽃 여행

보랏빛 머금고
아침햇살 받으며
수줍어 방긋 웃는 나팔꽃

몰래 내린 밤비에 말끔히 단장하고
나들이 간다

상큼한 바람에 몸을 둥실 띄워
구름아 바람아 훨훨 같이 가자
세상살이 잠시 밀어놓고

어느 곳 어느 계곡 지날 때
회색 비구름 부딪히거든
멈칫,
쉬어 가자

내일의 태양은 다시 솟으니
내가 살던 곳으로 다시 돌아오자
영롱한 이슬이 반겨줄 테니

고향집 마당

다소곳이
뽀얗게 웃으며 피워있는
밭 울타리 치자꽃
향긋한 내음 옷소매 묻어 떠날 줄 모르네

마당 귀퉁이 빨갛게 얼굴 내민
봉숭아 꽃 같이 놀자 손짓하고

굴뚝연기 하얗게 송이송이 피어오르고
달그락 달그락 밥 익는 소리

부엌 문턱 닳도록 넘나드는 어머니 치맛자락
구수한 시락국 내음
온 식구 부른다

꼬리치며 놀던 강아지 길게 앉아 꾸벅꾸벅
바지랑대 앉은 잠자리 바람결에 달아난다

상기된 하늘 아래 훈풍이 몰려와 춤추며
마당은 흥겹다

탑정호수

– 문학기행

푸른 하늘 아래
잔잔한 속삭임
옥색 비단 깔아놓고 손님맞이로
산을 품고 산 밑에
산을 심었다

수많은 수정체 모아
하늘을 왕래하는 눈빛 보내고
두팔 벌린 부드러운 몸짓은
어머님 품속
삶을 정화시키고 토닥거린다

흔들리는 긴 다리 오가며
끊일 줄 모르는 행렬
물새 한 마리만
외로이 날아간다
탑정 호수 위
저 허공 속으로

봄, 꿈꾸다

소외당한 섭섭한 땅
한 뼘일지라도
비좁게 꿈틀거려 새눈을 뜨련다

보드라운 바람
어깨를 비비고 꿈을 물고
솟아오름을 준비하며
꿈꾸는 새싹들

하늘 향해
내미는 손짓
반기는 고운 비
곱게 물들여 손잡고 춤춘다

웅크린 몸 활짝 펴고
하나하나 받은 선물
허기를 채우고

봄,
가슴에 닿아 봄노래 부른다
또닥 또닥
악기를 들었다

노섬 갯바위

출렁이는 물결
하얀 구름 함초롬히 비단길 열어주고
날아가던 갈매기
잠시, 섬바위에 발길 멈춘다

들릴락 말락
멀리 뱃고동소리 귓가에 다가오고
키 큰 파도 하얗게 하소연 한다

할키고 상처난 몸
옛 모습에 금이가도
다정한 속삭임은 그를 달랜다
옛, 흔적
머물렀던 조선 김만중의 혼
주야 불 밝히고

파수꾼으로 앞바다를 지킨다

보고픔

육신을 차올리는
목탄 갈증

소리 없는 봄비에 숨어든 날개
숨차게 날뛴다

발끝에서 올라온 물기 머금어
힘껏 뿜으리

내 눈 닿는곳 불빛은 트리
큰 울림으로

가지마다 맺힌 잎새
큰 함성에 담고

목 터지라 불러보리

그 여운,
맺힌 그 꽃을

담쟁이 넝쿨

절벽 끝 하늘을 보며
한 발 한 발 내딛는 너의 빛남에
푸른 날개 펴며 희망을 읽는다

활활 불붙은 열정

너 나 허물을 하나둘 덮으며
초원을 이루며
생명의 길을 향한다

청초를 간수한 오롯한 출렁임
춤추는 잎사귀 수려한 행렬
기세등등 싱그러운 이슬 섞으며

손바닥에 찍히는 햇살의 문장
신록의 하루를 엮어 나간다

떠나간 사랑

못 피운 꽃잎
무거운 깃발을 들고 우주에 펄럭 인사

네가 떠나보낸 사랑은
내 사랑도 아니다
부러진 날개로
허공에 미아로 떠돌 것이리라

돌아오지 않은 미아는
하늘에서 맴돌다 어디로 가는지

냉냉한 가슴에 한줄기 물길로
흐르고 흐르려니

망각의 초인종이 혼자 울려도
열 수 없는 문이기에 돌아서
혼자 떠나리

사랑이란

공중에 떠 있는
자유의 손

큰 불덩어리
얼음덩어리
다가서지 못하는 두려움
만질 수 없는 차가움

멀리서 바라만 보는 것
초점을 맞추려고 세상으로 돌린다

그건 시련이다
그건 만족한다
또 후회다

영혼이 만드는
시들지 않을 장미다

삼락공원 연꽃단지

이른 봄
한껏 멋을 부린
수양버들
연밭 땡볕을 막아주고
연꽃을 지키네

수줍은 듯 우아한 듯 붉으레 미소 짓고
두 손 모아
님을 향한 기도일까?

도량 넓게 둥근 잎 넓고 넓어
세상 걱정 헤아리는지

물속 깊이 내린 뿌리 하늘을 투영하며
온몸 정화시켜
고요하고 평화롭게 올 곧게 서 있네

날아가던 까치도 잠시 쉬어
둘러보고

가득 찬, 푸르름
바람에 에워싸여

더위는
말없이 성큼성큼 그림자를 끌고 가네

가을, 옛적 그리며

하늘은 높이 올라
새털구름 펼치네

황금물결 출렁이는 들녘
오곡이 익는 소리 허수아비 춤춘다

산천초목 물들이는 화공은 누구인가요!
몸통을 드러내는 누런 호박
풍요로움 자랑한다

마당에 빨간 고추 불을 붙이고
해바라기 키 자랑
고개 돌리고

고즈넉한 고향 가을
가슴에서 익는데

한잎 두잎 물든 단풍 자리를 털고
빈자리를 남기니

이 처연함
숨길 곳은…

된장의 유혹

후각의 부름에
따라가는 순한 기억

어머니 외침의 소용돌이
그 속에 사랑이 숨어 있고
꾸지람이 들어있고
이겨내는 맛이 숨어 있다

보글보글
답답함을 못 이겨 끓어오르나
너도나도 모두를 위해
온몸 불을 태운다

차가움을 데우고
뜨거움을 달래며

변심을 외면하는 후덕함
어울려도 싫증 않고
혼자라도 투정 않는
뚝배기 된장 맛

나의 추천이고 반찬의 기수다

언양 별장에서

녹음이 도란도란
둘러서서 계곡을 덮고

운치 있는 소나무 한껏 멋스러이
오는 이 반기네

푸른 잔디에 둘러앉은 향기 뿜는 문우들
맑은 공기에 즐거움이 가득하다

J시인의「사진 한 장 우연히」
출판 기념회를 맞이하여 축하와
앞날의 문운을 빈다

맑은 하늘 밝은 태양
계곡물에 수박 넣고 노래하니
신선이 따로 없다

주인마님 동양화에 존경심이 우러나는
별장

오늘을 꾸민 여러 문우들 함께함을
감사하고

오가는 길 초록물결 헤치며 찾아간 별장
기억에 저장한다

바위 하나

빼어난 목덜미
안개 자욱 둘러앉고
풍진 세상 바라보며
상념에 잠겼다

굳게 다문 입
오랜 침묵
흔들림 없는 그 자리

그때 약속한
언약도
고이 잊지 않았으리

기다림은 절절하여
허공 어디엔가 가닿아
메아리로 돌아오면

말 못한 가슴 꺼내어
묵혀둔 저 추억에서
말하리

사랑했노라
사랑하여 못 잊는다고
세월 속에…

여름밤의 향수

별들이 반짝이는 여름밤의
향연
들풀의 희생으로
피운 모깃불

쫓고 달아나는
모기의 소탕전은 그칠 줄 모르고

훔쳐 갈 수 없는 피한방울
철벽을 친다

시원한 등물에
더위는 깜짝 놀라
몸 사리고

합죽선 하나로 큰바람 불고
모시옷 걸치면
시원한 바람 사잇길로 스며들어

여름밤의 더위는 슬슬 뒷걸음치던 때
그립다. 그 때가

외로운 항로

철썩이는 파도
가야할 항로

홀로 헤쳐 가는 약한 떨림
뱃고동소리 가슴 저리고

흔들리는 작은 배
간신히 잡은 희망 끈
당기고 풀고 당기고 풀고 그날들
헤지고 닳아

밝은 태양이 솟는
아침을 그리며
버텨온 항로
닻을 내릴 선착장은

점. 점. 점

돌릴 수 없는 야위어진 삶
어언 백발이 손잡네

2부

부산역에서

떠나는 눈
만나는 눈
부산의 삼라만상에 여운이 깊다

철거덕 철거덕

기쁨의 포옹과
이별의 아린 가슴이 교차하는
광경을 드물지 않게 보는
플랫폼에서

경부선을 기다리고 있다

건너편 철로를 박차고
떠난 기적소리에
애잔한 눈빛이 여울지고

바람의 부딪힘이 찬
떠남의 뒤안에서
스카프를 매만져 목덜미를 데우고
쓸고 간 가을의 그림자이듯
철로가 빠져나가는 길은 빠르다

움트는 첫사랑

버들잎
떨어져 흘러가는
시냇물 웅덩이 빨래터

혼자 톡 톡 톡
방망이질 열중일 때

난데없이 돌멩이 날아와
퐁당 !
파문을 일으킨다

깜짝 놀라 둘러봐도 그림자도
안보이고 하늘엔 흰구름만 빙그레

바람에 실려 온 작은 목소리
봄이 온다고…
풀섶의 네잎 크로바 손짓한다

가슴은 두근두근 얼굴은 뜨거워지고
꽃바람 웃음 짓는 선명한 얼굴

마주보는 눈빛 빤짝빤짝
마음엔 복사꽃 한아름 피웠지

석류

고운 옷
가을에 채색되어
붉기도 하여
오고가는 이 눈길 사로잡으니
어찌 향기롭지 않을까
보이지 않은 꽃
심장에다 피웠느냐
가지마다 열매달아
예쁘기도 하건만
보이지 않는 꽃에
내 그리움 붉어가네

하늘을 바라보니

어젯밤 반짝이던 별빛
잔잔한 달빛은
어디가고
천둥칠 성냄으로 쌓였는가

누구의 부름이기에
저토록 푸른 하늘 덮으며
달리는가 !

내 구근의 소망을
아직도 틔우지 못하였는데
너 달리는 곳
내 마음도 따라가고 있구나

가는 곳이 어딜 지?

저 구름, 어진 계절에도 그랬듯이
모였다 헤어지는 한 조각 나그네로

허공에 이별을 안고 떠돌련지

침묵을 깨다

흰한 속살의 달빛
호젓한 마음을 흔드네

지친 바람
꽁무니를 감추고

별빛 초연하게
홀로 깜빡여도 좋은 밤

가슴의 심해 속에
접어둔 일기장 살며시 열어
별을 헤네
그리워지는 옛 생각에

유영하는 한 마리 물고기가 되어
잔잔한 물결의 청초를 안고
울어도 보고
웃어도 보는
슬픔의 지느러미로 별을 구르네

꿈속의 잠

누군가 말없이 데려간
어둠을 탓하지 않는 공간

넓은 심해
자유의 벗을 데리고
깊이깊이 용왕님을 알현

누구의 작품일까
아름답고 황홀한 이 광경
이곳저곳 빼앗긴 눈이 시리다

꽃동산에 천사로
하얀 너울에 황금 방울 주렁주렁
용궁에 앉아 포근히 잠을 보듬고

아!
깨고 보니
꿈속에서 잠을 잤구나

연꽃단지에서, 입추

막바지 내리쬐는 태양열
축제의 연꽃
연꽃의 피날레가 있는
연꽃단지로 뛰어든다

명주보다 고운 빛깔 잃지 않고
고운 자태 미소까지 숨기지 않으니
서서히 씨앗을 안으려는 그 모습인들
내 마음을 빼앗지 못할쏜가

가끔 숨겨드는 바람은
떠날 때를 알리는 전령이듯 왔다가고
이별을 대신하는 서너 마리 매미가 우는
절규가 애달프다

너의 흔들림을
천상이 아니면 어찌 알 수 있을까

나의 시선은 너의 어깨를 스치고
나의 청각은 너의 소리를 듣고자 하지만

어이없게 천상을 훔쳤으니
합장 삼배를 마음속으로 올리고

가을의 발자국이 가까이 들리는
길목에서
아, 이별은
어쩔 수 없는 받아들임으로
숙연해야 한다

살풀이 춤

정화수井華水에
온몸 닦아
고운 버선발

날갯짓 훨훨
하얀
나비

저승과 이승의 길을 저리도 가볍게

지난날에 지은 죄 사죄하며
뉘우침에 바라옵고 비올 제

옹이가 된 허물
용서로 흘러내리옵소서
맺힌 매듭 풀어주소서
편히 안주하소서

흐느끼는 처절함에 미어지는 가슴은
하얀 수건 허공에 날릴 제
저승의 길 한없이 멀고나

천상의 영혼 향해
내 영혼이 홍건이 젖도록
빌고 비옵니다. 허공의 안식을 넘어
마음의 흐느낌을 곱게 간수하여 바치옵니다

그 자리

바람이
쓸고 가고
비바람 스쳐가도

떠나지 않고
곧은 자세로
영혼 속에 자리 잡은
숨은 영혼

어두운 적막에도
오롯이
반짝이는 별 하나
두고 간 그 자리는 언제나
빈자리

수많은 세월을 주름 잡아도
범하지 않는 그 자리…

내 쉬는 숨결마다 피어나는 환상
잡을 수 없기에
그 자리는
오늘도 빈자리

공상

멍한 눈빛
광야를 헤매고

보고 싶지 않기에
듣고 싶지 않기에
흔들흔들 고개 돌린다

세상은 탈을 쓴다
또 춤을 춘다
허우적거리며 비틀비틀 흔들린다

무대의 화려한 조명아래
주인공은 힘들어도 승리의 깃발로

마음은 넓은 광야를 달리고
몸은 작은 의자위에 앉아
셈을 세고 있다

후회

석양은 점점
그림자를 눕히고 어둠을 부르네

잃은 것들
흥정도 없이 달려만 오는데
뒤척이는 몽환의 질주

긴 숨
그 세월 살찌우지 못해
……살찌우지 못해
구멍 난 세월 채우지 못한 채
그렇게 흘러만 갔는가!

따라오는 늦은 미련
아려지는 가슴

장벽을 치고
돌아앉아 촛불 하나 심지를
태운다

경부선 열차

길게 줄지은 초조한 눈빛들
떠나는 눈
만나는 눈
기다리는 눈 불빛을 뿜기고
터미널에 몸을 부친다

기쁨의 포옹
이별에 아린 가슴
열차는 힘겨워 토하고 삼킨다

보따리 옆에 낀
삶의 나이테
떠나는 아쉬움은 옹이를 만들고
쓸고 간 눈빛은 떨어지는 낙엽들

창가에 서성이는
애잔한 눈빛 걸고
손 흔드는 기적소리
가슴에서 떨고 있다

강변

겨울 강변에서면
강물의 울음이 들린다

서걱서걱
못다운 갈대의 울음이 들린다

얼어서
깨어진 시린 파편들

유리알보다
투명하게 반짝이며
울어 운다

좋아하는 트롯

허공을 찌르는
천상의 목소리

흥겨운 리듬
애절한 그리움
인생의 희 · 노 · 애 · 락 아낌없이 뿜는다

온 몸에 담은 사연
목청으로 불태우며 절규하는 몸짓으로

누군가의 주치의
공간 없는 소지품

인생길 동반하니
진정한 삶의 벗이어라

푸르른 날에

보고 싶어도
가슴 설레도
이곳엔 없네

축제의 흥겨운 가락
색소폰의 애절함 속에도
산해진미 유혹 입맛은 간데 온데
이곳엔 없네

공허한 발걸음 터벅터벅 거린다
천리향에 불을 붙여
잔잔한 호수에 돌을 던진다

동그랗게 동그랗게 푸른 쟁반들
목이 길어진 수련화
두 눈 반짝반짝 거렸다

겨울초

씨 뿌려 며칠 기다리니
연노란 새싹들이 땅위에 선다

스티로폴 상자에 흙을 담아 물을 뿌렸더니
파릇이 고개 들어 키를 키운다

아직은 추워서 자랄 수 있을까?
의심 끝에 싹은 당당히 몸매를 자랑한다

발아의 힘을 무엇일까?
햇살 찾아와 안겨오는 베란다에 앉아
두 잎 핀 겨울초 무심히 바라본다

새 생명의 신비
하얀 구름속의 선녀
미미한 생명의 애착은 무한하기만

세상에 등장한 것
조금씩 커가는 것
함께 동행 하는 것
일상의 삶의 진리로
섭리인가 보다

하루 여행기

아침 이슬 먹고
활짝 웃으며 나들이하는
나팔꽃

빌리지도 줄 수도 없는
무명 계약서 약속

백열등 눈웃음에
뛰어드는 철없는 불나비

봄 햇살 품은 어미닭 옆에
종종거리는 포동포동한 병아리

느껴야하는
보이지 않는 시간의 흐름

형형색색의 얼굴들
오늘의 일기장에 담는다

3부

편지

– 울릉도 기행을 떠나는 문우들께

들뜬 마음은
망양의 바다로 나선다

두 손 모아 순풍을 기원하며
떠나는 문학기행 문우들이여

푸른 물결 가르며 꽃을 피워 즐거웁소서
낙오자의 심정을 파도에 전해주고
갈매기 날개에 사랑을 달아주오

문우들의 환한 글문을 열게 하소서

서로가 떨어져 사는 외로움이 무엇인지
물어
배낭에 담아 소중히
만나는 날 나도 함께 간 듯
자랑으로 삼게 하소서

바닷가의 추억

고요를 깨뜨리며
자글자글

앞바다엔 온통 별빛이 내려와
은빛 춤을 추던 그 날

짭조름한 갯내음 코끝을 맴돌고
어깨동무하고 밀려갔다 밀려오는
바다 끝 파도는 소리가 명랑했지

머리카락 휘날리며
말없이, 말없이 걸었던 너와 나

할 말이 없었을까
있어도 못했을까
망설였을까
두근두근 가슴만 그랬지

가던 길 뒤돌아 다시 시작해도
말없이, 말없이
짧은 길 아쉬워한 그 날

별빛이 달려와
반짝이며 앞길을 비추었지

기다린 봄에

봄이 부르는 소리
어둡고 무거운 빛
안쪽으로 밀어 넣고
현관문을 연다

움츠렸던 봄
보슬비에 화들짝 키를 키운다

겨우내 꿈꾼 환상
설레이는 눈빛은 꽃물을 적시며
촉촉한 대지를 질주한다

머금은 미소는
건드리는 바람에
산천에 입맞춤

가슴에 담은 봄 향기
주체하지 못해
뿜어내는 환한
웃음꽃들

여름의 끝자락

대지를 누르는 태양열
점 점 힘을 빼고

조석으로 찾아오는 서늘한 향기
따가운 햇살 받아 만곡이 익어가며
영그는 소리

들릴락 말락 귀가 간질다

솔바람
날개 펴니 땀방울 놀라
꽁무니 빼고

가을을 기다리는 국화꽃
향기 뿜어낼 차비를 서두르고

망설이며 떠남을 아쉬워하는
더위에, 밀어내는 솔솔 바람
보기보다 팔 힘이 세다

잠은 어디에

어둠은
대지를 말없이 덮고
하루라는 이름으로 동여맨 나

잠,
어두울수록
더 멀리 달아나 망각의 저편으로

간 곳 몰라 애타는 목은
건조하다
이 밤 삶의 물기를 머금고
벽을 치는 잠을 부른다

뒤척이는 밤

사라진 잠의 흔적
숨죽인 바람만 흔들고
이 밤을 채운다

봄 마중 가는 길

따스한 햇살아래
평화롭게 졸고 있는 한가로운 어미닭

개나리꽃 쳐다보며 종종거리는 햇병아리
발걸음이 빠르다

연초록 미나리 새 움을 돋우고
꽃피운 블라우스 바람결에 살랑살랑
홀로 기다리는 얼굴 없는 그리움을
저 멀리 들리는 메아리에 귀 담고

오라고 손짓하는 봄햇살의 눈웃음
새싹 새 생명의 탄생을 부른다

바다의 윤슬에 피어나는 에메랄드빛
내 곁으로 걸어 나와
연둣빛 희망을 안겨주네

생긴 대로 살다

누구의 명령도
청원도 아니다
한 줌의 햇살로

바람결에 날아든
한 톨의 씨앗
강인한 몸짓으로 생을 꾸리며
일생을 장식하는 하얀 별꽃

길가의 잡초다
봄비를 맞으며 방긋방긋
불덩어리 내려와 살을 태우고
낙엽, 몸을 덥고
온갖 소음 귀를 씻기도

모진 눈보라 칠 때면 깊은 잠에
한시름 잊고

생존의 성취감에 함박웃음 띄우고
생긴 대로 살아도 행복하다고
하늘 향해 웃음 짓고 노래 부른다

잘나고 못나고 어느 틈에도 내일을 다시 꿈꾼다
태양을 바라보며

까치 소식

아침햇살 찾아와
창문을 두드릴 때

하늘, 푸르고 맑다
이 싱그러움
온몸 가득 채운다

어디선가 날아온 단정한 차림새의
까치 한 마리
나뭇가지 걸터앉아 두리번두리번

"까치야, 오늘 기쁜 소식 가져왔니?"
기다리고 애태우는 님의 소식을
물어보는 나를 향해

"까아악깍, 꼭 꼭" 숨겨
가져왔다 크게 외친다
'그래'
"정말 고맙다 까치야"

"웬걸요 까아악깍"
겸손의 인사를 남기고 날개 편다

기쁜 마음 누르지 못하고 가슴만 뛰네

계절의 모퉁이

치마 끝자락 잡는
아쉬움의 뒤껕
모퉁이 돌고 보니 잊혔던 세상

황홀했던 그 모습 뒤안길에 눕히고
낯익은 얼굴들 다시 와
모퉁이에 뒹군다

계절은 누누이 오건만
살갗에 닿는 향기 번번이 옷 갈고
보내고 만나는 길목의 여울에서

일그러진 표정 기억의 더듬거림
모퉁이가 서럽다

잘 가라고
반가웠다고 손 놓지 못하는 우리들의
인사가 하늘로 바다로
부풀어 오른다

피어나는 봄

산들바람
살랑살랑 손등을 만지며
부채질한다

겨우네 만든 색채 산야에 물들이며
부채질한다

스치는 옷깃마다 꽃내음 뿌리며
부채질한다

어린 가지 푸른 날개 달며
가득 머금은 생명수
봉긋봉긋 터지려
부채질 한다

청춘들의 부풀은 꿈은 하늘에 닿을 듯
부채질 한다
봄,
지절대는 새들의 하루
빼앗긴 눈과 귀는 바쁘다 온 종일

어머니

언제나 어느 곳이든
가슴에 자리 잡은
궁금한 안부
저도 늙었나 봅니다

마음 한 자락마저
다 안다고 다 알고 있다고
생각했던 못난 철부지
어머니 앞엔 정말 철부지였습니다

떠나신 후에도
그 자리 계실줄 알고
그럴 줄 알고…

내 마음 서러움에
당신의 자리는 항상 젖어 있었습니다.
당신의 눈물과 나의 그리움과
뒤범벅되어 가끔 가슴 아픈
나를 봅니다

동네를 안고 있는 산을 올라
부르면 더 잘 들릴까 불러보는 어-머-니
울먹이는 메아리가 돌아옵니다

가을을 보내면서

낙엽은
건조한 대지를 태우며
바스락거리고

허한 삶
푸르던 젊음을 속절없이 보내는
갈색 황혼의 파노라마가
펼쳐지는 가을을 보내면서

지난날들을 반추하며 초대되는 오늘
어쩌리
낙엽이면 어쩌리
황혼이면 어쩌리

세월의 무상함이 어디 오늘 뿐이랴
아끼고 사랑하리
보석 같은 삶
인생의 항로를

겨울 향수

구들을 찾는다
으스스한 칼바람
달아나는 느낌이 자릿하다
두 손바닥을 싹싹 비비고
몸 안의 온기를 건드리며
이불안으로 손을 넣어본다

따끈따끈한 고향의 구들냄새
구수하다 못해,
그립다
처마 끝에 달린 고드름도 유난하던
그 시절

동장군의 기세가 떨치던 긴 겨울에
군고구마, 동김치 함께 놀고

군불 냄새가 들어오는 구멍 뚫린 창호지문
덜컹거리는 문틀사이로 몰래 들어오는 찬바람
사라진 그 겨울이 그립다

눈이 되어

허공에
온 몸 날리며
갈 곳 몰라 방황한다

기다리는 곳 어디인지 눈 부릅뜨고
상처나 멍던 가지에도
마지막 생을 붙잡고 흔들리는 풀잎에도
세상을 하얗게 잠재운다

너와 나
마음은 하나
걸음마다 세월을 누른다

걸어온 자국마다 고이는 회환
흰 눈은 말없이 덮고 또 덮는다

눈길을 뛰어가는 한 마리 토끼 되어
숨어있을 옛 모습을 찾아
하늘 아래 어디라도
눈발은 날고 있다

새벽바람

여명을 밀어내고
아침 동녘을 붉게 불들이며
맑은 수채화를 그린다

희망의 아침
우렁찬 팡파레를 울리며
오늘의 막을 올린다

가고픈 곳 보고픈 곳 초점을 맞추어
날려 보내는 화살
명중할까?
흔들릴까?

꿈을 낚을 행운의 햇바람
은빛 날개 달아
겨냥한 화살이 곱다

4부

나의 집

눈 뜨고
눈 감고
홀로 기다려주는

손때 묻은 이것저것들
불쑥불쑥 눈에 들어와
웃음을 짓고

베란다 산세베리아
광합성에 넋을 잃고
자주오는 맞바람에
부채를 넘보듯 해도 좋은 곳

날개를 접고 있어도
좋은 선풍기 방 가운데 모셔놓고

자유가 혼자 노는 곳
홀로 왕처럼 면류관 쓰고

나의 것이라 용서받는 쉼터
편안한 곳 나의 집

외로움의 생채기

날전등 하나만 켜
놓아도
저 혼자
아늑하다
포도 한 송이
접시에 담아두면
저절로 더
익어
보랏빛
오후를
나에게
바친다
외로움의 생채기가
물드는 밤
불을 끄면
창밖에 가을
달
저 혼자 밝다

언덕 위의 나무

처다본다
환상의 동산에 자라는 나무

색색이 이어 닿아 보려는
서투른 손짓
모른 척 키는 자란다

헤매는 허약자
손길 닿지 못해

그리던 풍경화는
빛 바래가고

가슴에 남은 재, 시의 뿌리로
거름이 되기를

환상의 동산
푸른 잎을 다는 나무를 향해

꿈길에서 꿈꾸다

꿈이련가
또 하나 다른 세상
밤새 헤매던 곳

정녕 낯선 곳이련만
만났던 그 모습 눈에 익었네

못다한 말 하려해도 듣지를 않네
이 세상 살다 감이 아쉬웠는지
푸른 미소 띠우고 멀리 멀리

깨고 보니 또 다른 세상
어쩌랴 그 순간 곱게 묶어서
간직 하리

찾아온 이 세상 간 곳은 저 세상
오가는 길 너무 멀어
꿈길에서 손짓 하네
생과 사의 갈림길에서

소나무

삼백 육십 오일을
하나같이 푸르름 잊지 않고

맑음을 뿜어내는 삶의 숨결

높은 기상
위엄 있게 운치를 더하고
굴곡의 시련은 벗으로 승화

뉘가 감탄하지 않으리
사는 동안 곧게 푸르게 살라는
님들의 바램

근본의 뿌리를 잊지 않고
청청하게 번창하려오

문주란

창가에 기대어 햇살을 담았다
은은한 네 향기 품은 다정

그리워지는 나의 청춘
너 모습 보니
어머니의 따뜻한 미소가 떠올라
불현 듯 보고 싶다

푸르던 순수한 그 시절
유난히 향기로웠지

파도가 치면 더 안겨오는
더 그리워지는 유년
너는 청순한 소녀였다

은행나무

황금알을 먹었을까
노랗게 물든 채
풍요로움
가을이, 가득하다

추억물고 책장 속에 잠들고
잃은 것을 깨우는 얼굴 없는 사진
예쁜 얼굴

마음속에
알알이 익는 은행

노랗게 물든 추억
겹겹이 젖어든다

난초

고요히
무던히 살아가는 잎새들
자유를 만끽하며
은은함을 몸에 담고
유연하게 삶을 꾸린다

뽐냄 없이
자책 없이
유유히 날개 펴며

꽃대에 등을 달아 별구경 눈부시게
향기에 모여드는 순한 밀어들

멋스럽고 우아한 절색이구나!
고운정성 손길 따라 멀리멀리
점 점 울리고…

부드럽게 안겨오는 청아함
떠나지 않고 곁에 앉아
속삭이고 싶어라

억새밭

소박한 차림
은빛 물결 출렁이며

서거억 서거억
악기를 들었다

넉넉한 터를 잡아
신들린 불꽃놀이

가을을 애무하는
새들의 군무

쓸쓸한 바람 불러서
같이 춤 추자고

메마른 입술에
군침을 바르고

가을의 노래를
목청껏 부른다

몽돌

세파에 씻긴 몸
다져진 근육으로
뾰족함을 깎고
둥글게 둥글게 살아간다

함부로
무거운 날개 펴지 않고
중용을 지키는 중후함

바닥을 지키며
가벼움에 벽을 친다

누구에게 짓밟혀도
용서를 베풀고
모른 척

흔적을 지우며
둥글게 둥글게 살아간다

갈대의 말

따가운 햇살에
몸을 맡긴 채
쓸쓸히 노래하는 회백의 꽃들

흔들리며 넘어지는 은빛 머금고
나그네 부르는 노래 부른다오

가냘프게 부딪히는 서러운 사연을
어찌 모르오

여리다 보지 마오
동정심도 주지 마오
마음은 한아름 푸른 나무라오

하루를 밀고 가는 늦은 바람결
잊지 않고 전하는 소식
님, 그립다고
서다가 넘어지다
흔들린다오

시인의 마을

– 정지용 생가를 찾아서

얼룩배기 황소가 거기 있는 곳
옥천으로 갔다

옛, 물길
실개울이 사라졌으나
아직도 흐르는 이 곳

향수는 길마다 이어져
시인의 시를 읊고 있다

혼자 부르다가
함께 부르다가 닿는 그 곳

옥천에서
얼룩배기 황소의 울음을 듣는다

코스모스

살며시 잡아 본다
그냥 스치고 지나려다
아는 척 내 안의 소녀와 웃는
가녀린 몸 코스모스의 가을이 예쁘다

담벼락에 붙어 서서 노래 부르던
어릴 적 우리들은 어디 갔을까

그냥 스칠 수 없는 옛 생각
아른아른 떠올라
뒤돌아보며 다시 돌아가 서성여 보니

두고선 담벼락
셀 수 없는 지나간 너의 가을을 기억하고
낡아가고 있다

아쉬워도 보내야 하는 너의 지금
나도 그런 찬란한 때가 있었지
잠시 기대고 선
담벼락의 볕에서
전해져 오는 옛 노래

소슬바람 불어도 반가운 코스모스

약숫물

푸른 하늘
나무들의 휘파람
새들이 지저귀며
반가이 손을 내민다

생명의 용솟음
온 몸을 엄습하는 서늘함

상큼하게 마신 물
청량함이 감독고 생기가 돌아 맑은
피가 되네

언제나 주인을 뒤따르며 아래로
아래로 어느 곳에든지
겸손을 감추네

생명의 원천
용지불갈 옥수 되어
숨,
숨어 흘러라

바다의 수다

눈뜨면 마주보는
파아란 하늘 뜬구름
끼욱끼욱 날아드는 갈매기 노래

은구슬 반짝이는 잔잔한 윤슬
마냥 바다는 즐거워 춤춘다

갈 길을 안내하는
저 멀리 등댓불
내려 보며 응원하는 푸른 하늘

바다가 안고 사는 무수한 생물들
사랑의 채찍으로 높은 파도 세우고
감싸주려 해무를 피운다

별들의 심해 여행
산호초 아름다워 반짝거리고

푸른 날개 펴고 유영하는 물고기 떼
바다는 쉬지 않고 넘실거린다

은행잎의 가을

가을 햇살에
풍요롭게 익어가는
노란 잎새

한잎 두잎
책장 속에 꿈꾸는 잎새들

빛바랜 추억이 꿈틀거린다
가을을 노래하던 그 시절

잎새에 그리던 추억
고이 간직하려든
앳된 순정

추억,
잎새에 매달리는
가을이 깊어간다

5부

만추의 밤

달빛에
들킨 소슬바람
문살을 때리고

떨어져 뒹구는 낙엽들
어디론지 훌훌 달리고

사립문 살짝 열어 누가 오는지

둘러보면, 인기척 없는 캄캄한 사방팔방
마당엔 그림자
밤 그림자만 서성거리고
홀로 기다림
가만히 만나는 외로움에 바람이 차다

재우는 밤
깊어가도 떠내지 못하는
시의 가을밤 한없이 깊어

백지를 쌓아두고 그대로 접어
낙엽을 태우는 밤이어도
만추의 황홀을 어찌 알리오

숨김없는 거울

내 모습
어때?
"그대로예요"

또 물어본다
어제보다 조금 변화지 않았니?
"아니요, 똑 같아요"

길어지는 골목길
미끄러지는 언덕 사잇길
엷은 커텐을 친다
화장 냄새 코끝에 닿고

오늘은?
어제보다 한층 더 많은 길이 생겨
"더 빛나 보여요"

정말 명안이구나. 숨길 수 없네
"아니요, 난 거짓말을 못하거든요"

오늘도 웃음 짓고 서로 맞선을 본다
거울 앞에서의 넋두리

겨울밤

앙상한 가지에
부딪히는 매운 휘파람
아무리 때려도 상처는 나지 않고
몸으로 안으로 질긴 핏줄만

윙윙거리는 소리
귀속으로 들어와 똬리를 틀고
가슴 깊이 긁어도
삭이는 아픔을 지새우는 밤

차가운 구름의 긴 노래는
몽니를 흔들고
삶과 영을 감별하는
경건함

온기를 모아
스스로 몸을 조인다
긴 여정
어둠 안에서
새 집을 짓는다

삼월의 순이

숨었던 봄
늦겨울 둥지에서
살며시 고개 내민다

화사한 봄 햇살
하품하며 빗질을 하고

구겨진 치맛자락
곱게 펴고서

보고픈 님 보러
아장아장 걸음을 재촉한다

맑고 고운 얼굴에
웃음을 찍고

앞순아 뒷순아 강순아
모두 부른다…"같이 가자"

설레이는 삼순이
오늘이 풍성하다

나무 기둥

생명력의 믿음인가
잴 수 없는 무게를 이고
당당히 섰구나

누구의 하명인가
너의 욕심인가
아님 숙명이더냐?

수많은 생물들의 놀이터인가
먹잇감인가

부서져 낭떠러지일지라도
그 자리 지키는 용새
너 운명이 경이롭구나

하늘이 내려
땅 위에 누워도
굳건히 지킬 믿음
너 자긍심이
하늘에 닿구나

가을 소녀

가을 속에
한 송이 국화꽃처럼
향기로 젖은
눈매

나이는 한 해 두 해
저물어 가는데

세월 속에
어여쁜 추억이야 쌓일 테지만

소녀야
너는 오랫도록 남고 싶은
가을이구나

인생의 길

인생 길
언제부터 알게 될까

모르고 살아온 길
처음이니까
서툰 길

그래도 원망해선 안 되는 길
후회가 손잡는
인생의 길일지라도

돌이킬 수 없는
그 길을

사는 동안
포기하면 안 되는 길

바다의 연가

잔잔한 물결
갈매기 한 마리
날개 짓에도
그리움 넘실댄다

미련 없이 토하는
햇살 아래의
슬픔이다

혼자만의
외로움이다
기다림이다
보고픔이다

머리에 이고 있는
구름 아래서
은빛 꿈을 잃지 않는
바다의 노래

사랑둥이

– 조카 손자

너를 갖고파
너를 찾아
기다린 세월
반평생이 되었구나

찬란한 너의 탄생
온 세상이 훤해지고
하늘이 보내주신 소중한 핏줄

온 세상을 품은 듯 가없는 행복감
기쁨의 감사함을 하늘에 바친다

영롱한 너의 눈빛
내 눈 안에 사랑꽃 활짝 피고
고사리 너의 손 가슴에 뛰논다

생긋방긋 눈웃음 온 하루 꽃이 피고 향기난다
무럭무럭 튼실히 자라다오, 꼭

온 세상 밝게 비칠 큰 등불 되기를
세상 모두가
두 손 모아 빌고 빈단다

첫 눈

낙엽의 애수가
야윈 숲으로
떠남을 전송 나온
하얀 발자국

그 발자국에
가을 땅거미
몽환의 백야 속에 사라진다

알쏭달쏭
무늬를 찍고 뛰어다니며
두 귀를 키우는 하얀 토끼

하얀 털은 그대로 흰 빛을 내고
정맥을 숨기는 발바닥
첫 눈,
나비되어 날아다닌다

콩나물 놀이

검은 천을 걷으면
발랄한 리듬

쿵-탁탁
쿵-탁탁

황금머리 쑤욱쑤욱
키를 다투며

쪼르르 한 모금
물마시면 쑥 쑥

들쑥날쑥 즐겁게
쿵-탁탁 쿵-탁탁

노 저어 가는 배

세월을 가득 실은
강 나룻배
무게에 눌러 떠나려는가!
쓰다 남은 몽땅 연필, 미련의 조각들

하나하나 아까워
버릴 수 없기에
모우고 묻어둔 것들
흘러 보내자

이별의 아픔이야 어찌 없으랴
공생의 뒤안길에 아쉬움 남긴 채
비움의 진리를 받아들이고
공유한 그 시간 소중히 여겨
유유히 흐르는 저 강물위에 띄워
석양을 벗 삼아 노 저어 가세

남해의 향기

동녘을 물들이며
이글거리며 타오르는 태양아래
푸른 물결 출렁이는 아침
자랑삼아 펄럭이는 깃발, 상큼한 바람을 던진다
옛적,
조선왕이 하례한 비단 자락 금산을 덮으니 그 명성
하늘에 닿는다
육肉을 초월한 기도처 보리암 각지의 보살님들 사철
붐비고
젊음이 약동하는 상주 해수욕장은 뜨거운 태양을 눕히고
푸른 숨을 쉰다
작은 섬 노도엔 김만중이 낳은 구운몽, 주야 불을 밝히고
이순신의 노량해전 그 공적 길이길이 빛나리
객들이시여 !
남해의 먹을거리 마늘, 시금치 단맛이 일품이요
청정한 바다 속엔 메기, 개불, 멍게, 해삼, 우럭 바다에
고이 키우니
우리 땅 우리 향 맛을 보소서
구수한 입담으로 인심을 실어
"남해로 많이 놀러 오시다"
아지매들의 매력이 차고 넘칩니다

추억 속에 피는 가을

가을 햇살에
풍요롭게 익어가는
노란 잎새

한잎 두잎
책장 속에 꿈꾸는 잎새들

빛바랜 추억이 꿈틀거린다
가을을 노래하던 그 시절

잎새에 그리던 추억
고이 간직하려든
앳된 순정

추억은 잎새에 매달리며
가을과 함께 깊어간다

몰게섬

갈매기 한 마리
잠깐 쉬어 배낭을 푼다

외딴 바위에 덩그러니 서서
꿈을 노래한다

안겨오는 갯바람
추억을 꺼내들고

향수를 뿌리는
바닷가에서

홀로 터벅터벅
파도 위를 걷는다

6부

쏟아지는 장맛비

간밤
기척 없이 동이물을
쏟아 붓는다

변덕스럽게
건들바람 불어와 먹구름 몰아내고
고개 들며 푸른 하늘 드러낸다

놀란 초목
두 어깨 무거워 땅위에 눕고
푸름은 짙게 더욱 우거진다

목청 높여 콸콸
굽이치며 달리는 함성
목마름 가득 채워 넘치고
묵은 때 말끔히 밀어내며
청청한 계곡물로

쏟아지는 장맛비 우울함을 아낌없이
밀고 간다

12월의 자화상

스치고 지나가는
세월의 방울 소리

물끄러미 바라보는 처연함
슬그머니 따라가는 인생의 황혼
곳곳에 남긴 아쉬운 파편들

그리려는 붓은
허공에 흔들리고
여백은 너무도 많구나

고독할 때 자신을 발견하고
후회의 늪에서
삶이 밟혀도

작은 풀씨 하나
싹은 남으리

홍매

붉은 단심
돌같이 얼어붙은 몸

혹한에도 향기 잃지 않고
몸안으로 담아
봄을 뚫구나

남보다 먼저 봄을 알리는
굳은 절개로 노래하네

찬기를 에워싸는 잔설도
외면하고

붉게 꽃을 피우는 너
경이롭구나

화사하고 따스한 너
낙화를 잊고

가지마다 빨갛게 송이송이 사랑담아
곱게 접어서
밤새토록 그 향기 맡고 싶구나

달밤의 살구꽃

대낮같은 달빛 아래
살구꽃 향연
잎잎이 밤바람에 흩날린다

적적한 나무 님 그리운
향기 보내고

묵은 공터에 수묵화 그린다
하고픈 말 또렷이 가슴에 모아
꽃잎마다 실어서

잊지 못해 묻어둔 사연 바람결에
닿기를

빌어주는 달님도
살며시 내려와
곁에 앉는다

분재의 하소연

하늘이 너무 멀어서 바라보니
눈이 아프답니다

팔은 자꾸 길어져 발등에 닿구요
배가 너무 불러 답답하군요

비꼬여 등 돌린 형제들
자유로이 보고 싶어요

귀한 몸 되어
감탄사 여기저기 폭발하지만
속도 몰라주는군요

멋스럽다구요?

연못에 유영하는 물고기들
너무 부러워
몰래 눈물 뚝뚝
흘린답니다

살구꽃 필 무렵

야위어진 햇살
홀연히 찾아드는 달빛

휘날리는 꽃잎
갈 곳 몰라 몸부림친다

못 잊어 숨긴 사연
꽃잎이 흔들려
가슴을 후빈다

찾아오는 외로움
안겨오는 동그란 그리움
초연히 고개 숙인다

밤바람 꽃향기 옷자락 물들이고
달빛도 돌아서 눈시울 적신다

꽃바람에 실려 온 아련한 그 시절
꽃물이 든 채
다가온 너의 영상에 취해
오늘,
추억을 어루만진다

들국화

바람이 품은
묵은 벗이다
쉽게 만나고 토라져 헤어져도
다시 찾아와 웃는다

네 모습은
내 모습

내 모습은
네 모습
우린 많이 닮았지

네가 한 말
내가 알고
내가 한 말
네가 알지

온갖 풍상 겪어도 잊은 채
애잔한 외로움

너의 향기에 가을토록
난 한없이 취하고 싶다

곡포 갯마을

바닷물
꾸벅꾸벅
이른 새벽 찾아와
아침을 깨운다

조개잡이
굴 따기
파래 뜯은 바다향
입맛을 돋우고
골목골목 내달린다

멸치 숭어 떼 은빛 비늘 세우고
퍼득 퍼득
보쌈에 싸인 채 비린 내음 먹는다

땡볕의 선물, 온몸 까맣게 물들이고
여인들의 흰 허리
허리춤 조이고

소금에 절인 바람
오늘도 갯마을 하루를 말린다

깨달음 하나

타야만 했던
버스를 놓쳤다

봄바람이 불어도
봄답지 않게 시리다

발을 구르고
침을 삼켜도

가버린 버스 뒤를 바라보며
아쉬운 후회가 숨차다

버스는
제 시간에 왔다 갔을 뿐인데

떠난 차를 아쉬워 말라던
법정스님의 말씀이 죽비다

태풍 마이삭

– 2020年 9月 3日

태산이 무너져 굴러오는 소리
멋대로 날뛰는 강풍 기고만장하여
걷잡을 수 없다

와장창 꽝
견딜 수 없어 깨지고 터지는
쇠를 가는 요란한 굉음

번쩍번쩍 번개는 때 맞혀
횃불을 비췄다가 때리고 사라지기를
반복
온 세상 암흑이다

얼어붙은 몸 방안에서 홀로 공포와 싸운다
하늘이여
자연을 거역한 죄니까?

강풍의 성난 회오리가 끝나기를 바라는 기도
창틀의 덜컹거림이 멈춤을 외면하고

금이 간 힘 센 바람소리
핏대를 올리고 화를 풀지 못한다

피해야 사는

어릴 적 입맛이 살아나도
단 것을 사양하고 밀어내야 한다

달콤한 향기라도, 달고 달아도
유혹을 뿌리치며 속으로 침을 삼켜
당을 저울질 한다

입맛을 가두고 살기엔
요즈음
너무 자극적인 유혹들
손발을 묶고
몸통을 세워야 한다

펴지 못한 꽃

하늘의 별을 헤아리며
부풀은 가슴
고이 간직했거늘

영혼이 저질은 몫
꺾어진 채
쓰디쓴 눈물

상처에 붉은 피 흘리며
꺾임에 흐느낀다

예약 없는 생환
펴지 못한 원통함
훨~훨
바람이 구름위에 선다

처연히
처연히…

둥근 달

스산한 바람에
젖어드는 허 허로 마음
옷깃을 여민다

둥지 찾는 산새들
날개 접고

달빛 여문 허공에
그리움 떠돈다

밝은 달!
꺾어진 나뭇가지
살포시 내려앉아
보고픔을 달래는지

채워도 채우려도 모자라는
삶의 길

달빛이 흐르는
시월 보름날

폭염

내리 퍼붓는 따가움을
손차양하는 느티나무 아래로 갔다

그늘 속으로 들어간 폭염
그림자가 뜨겁다

지열에 반사하는 저 아지랑이 같은
흐늘거림에 시야가 흔들흔들
어지름증에 고개를 푹 숙인
작은 그늘들 짧다

한낮의 정오에
작열하는 태양의 빛깔
붉은 것 안의 덩어리
흰 반점하나 불덩어리

하얗게 질린 아스팔트를 밟고
지나가는 정적이 따갑다

비를 맞으려

우산을 내리쳐
떨어져 뒹구는
비 내리는 날 오후
어설픈 생각 잠재울 회초리
축축이 젖어보고 싶다

얼룩 씻을 하늘의 명약
흠뻑 젖어 흘러 강물이고 싶다

가눌 길 없이 쉼 없이 내리친다

저항한다!
저항한다!
바퀴 없는 수레처럼

차라리 흔적 없이 뒤섞여 녹아 버려라
불에 달군 얼음 덩어리

모두 흘러라
흘러가리라

울적한 마음잡지 못해
빗길을 재촉한다

| 해설 |

독자적인 눈으로
실재적인 세계를 찾고자 하는 여행

박미정 | 시인, 문학평론가

1

임연자 시인의 첫 시집 『멈칫, 쉬어가자』를 따라가 보면 진정한 개성을 실현하려는 자아의 결단과 용기와 인내심을 만날 수 있을 것이다. 자기실현은 다른 말로 개성화라고도 하는데 이러한 내면적 갈등상태를 제시하곤 하여 자기실현을 이루는 과정을 보인다. 험로는 아니지만 방황과 갈등을 경험할 수밖에 없다.

공중에 떠 있는
자유의 손

큰 불덩어리
얼음덩어리

다가서지 못하는 두려움
만질 수 없는 차가움

멀리서 바라만 보는 것
초점을 맞추려고 세상으로 돌린다

그건 시련이다
그건 만족한다
또 후회다

영혼이 만드는
시들지 않을 장미다

—「사랑이란」 전문

위 시 전체에서 시의 제목의 이미지에 드러나는 '사랑'은 단 한 번도 나오지 않는다. "공중에 떠 있는/ 자유의 손"이라는 초현실주의적 환상의 영역으로 시적 분위기를 시사하고 있다. '공중'이라는 시적 주체와 수평적인 관계가 아닌 높은 곳을 설정한 것은 다가갈 수 없는 한계의 고한계성을 지닌다. '떠 있는'의 고정적 형태성을 탈피하면서도 결합의 실존적 의미를 꾀하고자 하는 '손'은 시적 주체의 이성이다. 억압된 욕망의 사랑이란 '불' '얼음'이라는 극과 극의 이미지가 극명한 대조를 이루는 것으로서 일종의 불확정한 영역에 있음을 토로한다. 사랑을 확인하고 결국 멀리서 보아야만 하는 기시적인 거리로서 존재의 확장을 꾀함으로써 인간적인 욕망의 지점에 도달하고자 한다. 한편 '시련' '만족' '후회'라는 변형을 수반하여 인간적인 것을 교란시키고 탈주를 시도하게 한다. "영혼이 만드는/ 시들지 않은 장미"라는 사실에 주목해 보면 '사랑이란' 이성이 지니는 합리성의 전도라고 할 때, '-지 않을'의 의미를 더 상기시키면 현실적 원리나 규율로부터 벗어나 자유로운 시인의 몽상으로 '장미'의 의미를 재현하여 이미지의 창조를 의도하는 위기의식의 극복과 관련되어 초현실적 환상의 근원성에 집약하고 있다. 그러나 시인의 시 전체가 초현실성을 보이는 것은 아니다. "버들잎/ 떨어져 흘러가는/ 시냇물 웅덩이 빨래터// 혼자 톡 톡 톡/ 방망이질 열중일 때// 난데없이 돌멩이 날아와/ 퐁당/ 파문을 일으킨다" (「움트는 첫사랑」에서)에서 현실적 원리가 무화되는 것이 아니고 이성적이고 실재적인 유년의 환상으로 시적 주체를 풀어놓는다. 첫사랑은 가시적인 것, 실재적인 것으로 표상하여 충동적인 '파문'을 재생산하는 영역으로 존재를 이끄는 것이다. "휜한 속살의 달빛/ 호젓한 마음을 흔드네// 지친 바람/ 꽁무니를 감추고// 별빛 초연하게/ 홀로 깜빡여도 좋은 밤// 가슴의 심해 속에/ 접어둔 일기장 살며시 열어/ 별을 헤며/ 그리워지는 옛 생각에// 유영하는 한 마리 물고기가 되어/ 잔잔한 물결의 청초를 안고/ 울어도 보고/ 웃어도 보는/ 슬픔의 지느러미로 별을 구르네"(「침묵을 깨다」 전문)를 살펴보면 '사랑'은 외부와의 불연속성의 공간으로 '일기장'과 결부되어 있고, '일기장'은 청초하고 깨끗한 '별'의 공간으로서 '첫사랑'은 부드럽고 온화하며 따뜻한 이미지들로 채워져 있는 양상을 보여주고 있다. 그러나 다음 시 「후회」는 비극적인 세계인식을 기반하고 있다. "긴 숨/ 그 세월 살찌우지 못해/ …"살찌우지 못해/ 구멍 난 세월 채우지 못한 채/ 그렇게 흘러 아득하기만 해"(「후회」일부)에서 이상적 상태를 향하고자 하던 무력한 자아의 한계를 냉정하게 비판하며 스스로에 대한 자조自嘲의 방식을 취하고 있다.

그러나 다음 시「부산역에서」는 현실 인식의 태도를 열린 지평으로 확산하는 시인의 태도를 볼 수 있다.

2

떠나는 눈
만나는 눈
부산의 삼라만상에 여운이 깊다

철거덕 철거덕

기쁨의 포옹과
이별의 아린 가슴이 교차하는
광경을 드물지 않게 보는
플랫폼에서

경부선을 기다리고 있다

건너편 철로를 박차고
떠난 기적소리에
애잔한 눈빛이 여울지고

바람의 부딪힘이 찬
떠남의 뒤안에서
스카프를 매만져 목덜미를 데우고
쓸고 간 가을의 그림자이듯
철로가 빠져나가는 길은 빠르다

— 「부산역에서」 전문

역이란 이별과 만남이 공존하는 공간이다. 거기서 타자의 '눈'을 주시하는 화자의 모습은 일탈행위가 된다. 여기서 2연의 한 줄 의성어 '철거덕 철거덕'의 역할은 예사롭지 않다. 일탈행위로부터 벗어나 합일을 획득한다. 플랫폼에서 보는 기쁨의 포옹과 이별의 아린 가슴을 동일시하면서 2연에서 또 한 줄의 의미를 제시한다. "경부선을 기다리고 있다"는 방향성을 제시한다. 역이란 이별과 만남과 기다림이 연관 짓고 잇다는 점에서 현실의 적극적 행위의 공간으로 존재한다.

보랏빛 머금고
아침햇살 받으며
수줍어 방긋 웃는 나팔꽃

몰래 내린 밤비에 말끔히 단장하고

나들이 간다

상큼한 바람에 몸을 둥실 띄워
구름아 바람아 훨훨 같이 가자
세상살이 잠시 밀어놓고

어느 곳 어느 계곡 지날 때
회색 비구름 부딪히거든
멈칫,
쉬어 가자

내일의 태양은 다시 솟느니
내가 살던 곳으로 다시 돌아오자
영롱한 이슬이 반겨줄 테니

—「나팔꽃 여행」 전문

"수줍어 방긋 웃는 나팔꽃"은 순수를 드러냈다 하지만 "몰래 내린 밤비에 말끔히 단장하고/ 나들이 간다"는 자유분방함을 부각한다. 목마른 젊음을 연상하게도 하며, "구름아 바람아 훨훨 같이 가자"고 하는 강한 향성은 실재의 세계를 찾고자 하는, 본질적인 길을 개척하고자 하는 의도가 깔렸다고 이해한다. "쉬어 가자"는 배려는 걸어야 하는 방향을 모색하는 것이며, "영롱한 이슬이 반겨줄 테니"의 미래에 대한 나름의 애정을 보이고 있다. 결국 '나팔꽃의 여행'은 정신적인 세계와 실재적인 세계의 형상을 겹쳤지만 온전한 시의식과 시인 정신을 보여 주었다고 하겠다. "육신을 차올리는/ 목탄 갈증// 소리 없는 봄비에 숨어든 날개/ 숨차게 날뛴다// 발끝에서 올라온 물기 머금어/ 힘껏 뿜으리// 내 눈 닿는 곳 불빛은 티리/ 큰 울림으로// 가지마다 맺힌 잎새/ 큰 함성에 담고// 목 터져라 불러보리/ 그 여운, 맺힌 그 꽃을"(「보고픔」전문)에서 '갈증'을 표출하는 자신의 내면에 눈을 돌리고 "숨차게 날뛴다" 시인의 정신적 세계를 나타내는 은유적 표현이라 하겠다. '보고픔'은 개인의 일반적인 심리 태도의 형태와 깊은 관계를 가지면서 그리움에 의한 팽창(inflation)이라 하겠다. 이러한 팽창에 의한 시적 자아의 총괄이 "목 터져라 불러보리"라는 자아의 모습, 즉 무엇이라고 규정할 수 없는 자아의 모습을 보여준다. 자아를 외부 현실에 적응시키기보다는 내면세계에 더욱 몰입한 시인이다. "네가 떠나보낸 사랑은/ 내 사랑도 아니다/ 부러진 날개로/ 허공에 미아로 떠돌 것이리라// 돌아오지 않는 미아는/ 하늘에서 맴돌다 어디로 가는지"(「떠나간 사랑」에서)의 중요한 요인이 되고 있는 떠나간 사랑은 대상과 자아의 경계까지 무너뜨리고 연결하고자 하는 통로의 마련도 소멸하면서 '미아'라는 가혹한 현실을 표현한다. 그러나 사실 그 이면에는 슬픔을 감추면서 "하늘에서 맴돌다 어디로 가는지"를 통해서 현실 세계에 뿌리를 내리지 못하고 일정한 거리를 둔 채 대치하고 있음을 유추해 낼 수 있다. 「봄, 꿈꾸다」에서 "보드라운 바람/ 어깨를 비비고 꿈을 물고/ 솟아오름을 준비하며/ 꿈꾸는 새싹들// 하늘 향해/ 내미는 손짓/ 반기는 고운 비/ 곱게 물들여 손잡고 춤춘다"(「봄, 꿈꾸다」 일부)고 하여 자연의 이미지를 근간으로 하여 여성적인 사랑과 포용, 정겨움을 형상화한다. "곱게 물들여 손잡고 춤춘다"에서 시인이 느끼는 감정은 연민의 정서보다 기쁨이 우세하다. 자연을 통해 시인의 내면이 순화되어 초월적인 경지로 나아가고 있다는 것을 볼 수 있다.

절벽 끝 하늘을 보며
한 발 한 발 내딛는 너의 빛남에
푸른 날개 펴며 희망을 읽는다

활활 불붙은 열정

너 나 허물을 하나둘 덮으며
초원을 이루며
생명의 길을 향한다

청초를 간수한 오롯한 출렁임
춤추는 잎사귀 수려한 행렬
기세등등 싱그러운 이슬 섞으며

손바닥에 찍히는 햇살의 문장
신록의 하루를 엮어 나간다

— 「담쟁이 넝쿨」 전문

이 시는 전체적으로 생명 의식을 보여주고 있다. "희망을 읽는다" "길을 향한다" "하루를 엮어 나간다"의 결속은 '담쟁이 넝쿨'을 마치 '희망가'이듯 착각하게 한다. "춤추는 잎사귀 수려한 행렬"의 고조는 자유와 질서를 병행한 극기의 체질을 가진 담쟁이다. 이러한 이미지는 다음 시에서도 볼 수 있다. "여명을 밀어내고/ 아침 동녘을 붉게 물들이며/ 맑은 수채화를 그린다// 희망의 아침/ 우렁찬 팡파레를 올리며/ 오늘의 막을 올린다// 가고픈 곳 보고픈 곳 초점을 맞추어/ 날려 보내는 화살/ 명중할까?/ 흔들릴까?// 꿈을 낚을 행운의 햇바람/ 은빛 날개 달아/ 겨냥한 화살이 곱다"(「새벽바람」전문)에서 '새벽바람'은 또 하나의 자유를 응시할 수 있는 터를 마련하며 '신록의 하루'를 광활하게 열어나가려는 진취성을 보이고 있다.

3

임연자의 「만추의 밤」은 서정성을 곁들인 시각적 이미지와 동적 이미지의 결합된 심상을 형성하고 있으며, 그리움의 강도를 더하고 있다.

달빛에
들킨 소슬바람
문살을 때리고

떨어져 뒹구는 낙엽들

어디론지 훌훌 달리고

사립문 살짝 열어 누가 오는지

둘러보면, 인기척 없는 캄캄한 사방팔방
마당엔 그림자
밤 그림자만 서성거리고
홀로 기다림
가만히 만나는 외로움에 바람이 차다

재우는 밤
깊어가도 떠내지 못하는
시의 가을밤 한없이 깊어

백지를 쌓아두고 그대로 접어
낙엽을 태우는 밤이어도
만추의 황홀을 어찌 알리오

—「만추의 밤」전문

'만추의 밤'은 시적 자아의 절대고독을 감내하는 갈등을 시사하고 있다. "사립문 살짝 누가 오는지"의 갈등의 속성은 기다림이다. "돌아보면, 인기척 없는 캄캄한 사방팔방"에서 기다림의 극한은 '바람이 차다'는 현실의 노정으로 환치되면서 시인이 구하고자 하는 서정시의 맛을 더 깊게 우려내고 있다. "시의 가을밤 한없이 깊어"의 톤은 "낙엽을 태우는 밤이어도"의 비정을 신선한 언어 감각으로 표출하고 있다. 즉 시를 기다리는 신선한 문장으로서 '만추의 밤'을 탄탄하게 구사하고 있다고 하겠다. "겨우내 꿈꾼 환상/ 설레이는 눈빛은 꽃물을 적시며/ 촉촉한 대지를 질주한다// 머금은 미소는/ 건드리는 바람에/ 산천에 입맞춤"(「기다린 봄」에서) 또한 기다림이다. 하지만 유연성 쪽으로 시선을 돌리면서 시의 내부와 내밀하게 이어놓고 있다. "오라고 손짓하는 봄햇살의 눈웃음/ 새싹 새 생명의 탄생을 부른다// 바다의 윤슬에 피어나는 에메랄드빛/ 내 곁으로 걸어 나와/ 연둣빛 희망을 안겨주네"(「봄 마중 가는 길」)에서 보여주는 "연둣빛 희망을 안겨 주네"의 깔끔한 수긍 자세는 시인의 담백한 성품과 같다 하지 않을 수 없다. 임연자 시인의 그리움의 의식은 나지막하면서도 적극적인 경지를 이끌어 내어 시인의 진실을 함축하고 있다. 이러한 진실은 "청춘의 부풀은 꿈/ 하늘에 닿을 듯/ 그래서 더 좋은 봄,/ 청춘이다. 청춘은 봄이다/봄을 부채질한다"(「피어나는 봄」에서)에서도 '부채질한다'는 표현을 선택하여 의도적인 변용을 꾸려나가는 시적 방법의 발로는 새로운 시도를 꾀함이라고 볼 수 있다.

4

막바지 내리쬐는 태양열
축제의 연꽃

연꽃의 피날레가 있는
연꽃단지로 뛰어든다

명주보다 고운 빛깔 잃지 않고
고운 자태 미소까지 숨기지 않으니
서서히 씨앗을 안으려는 그 모습인들
내 마음을 빼앗지 못할쏜가

가끔 숨겨드는 바람은
떠날 때를 알리는 전령이듯 왔다가고
이별을 대신하는 서너 마리 매미가 우는
절규가 애달프다

너의 흔들림을
천상이 아니면 어찌 알 수 있을까

나의 시선은 너의 어깨를 스치고
나의 청각은 너의 소리를 듣고자 하지만
어이없게 천상을 훔쳤으니
합장 삼배를 마음속으로 올리고

가을의 발자국이 가까이 들리는
길목에서
아, 이별은
어쩔 수 없는 받아들임으로
숙연해야 한다

—「연꽃단지에서, 입추」전문

'입추'는 평범한 입추가 아니라 이별이 있는 자연의 질서로서 미적 효과를 이루는 고뇌의 대상이기도 하다. "너의 흔들림/ 천상이 아니면 어찌 알 수 있을까"의 무한한 상상력은 순수한 시적 영감의 함축으로 진리의 세계를 동경한다고 하겠다. "어이없게 천상을 훔쳤으니/ 합장 삼배를 마음속으로 올리"는 기도적인 자세는 유한한 중생의 한계를 '합장 삼배'로 드러내며 사죄의 뜻을 함께하고 있다. 신선하고 맑은 이미저리로 환상의 깊이를 더한다. 시인의 자각은 "숙연해야 한다"의 결구에서 천상을 훔친 고뇌에 대한 참회이기도 하다. 이처럼 자연은 시인의 시를 이루는 근간을 확장하고 있다.

정화수井華水에
온몸 닦아
고운 버선발

날갯짓 훨훨
하얀
나비

저승과 이승의 길을 저리도 가볍게

지난날에 지은 죄 사죄하며
뉘우침에 바라옵고 비올 제

옹이가 된 허물

용서로 흘러내리옵소서
맺힌 매듭 풀어주소서
편히 안주하소서

흐느끼는 처절함에 미어지는 가슴은
하얀 수건 허공에 날릴 제
저승의 길 한없이 멀고나

천상의 영혼 향해
내 영혼이 홍건이 젖도록
빌고 비옵니다. 허공의 안식을 넘어
마음의 흐느낌을 곱게 간수하여 바치옵니다

―「살풀이 춤」전문

'살풀이 춤'은 흉살을 풀어보려는 시인의 몸짓을 주목하게 한다. 모두 7연으로 구성되어 있는데, 1연의 '나비'를 통해 현실적인 긴장을 풀어나가는 것을 볼 수 있다. 3연의 '가볍게' 4연의 '비올 제'는 시의 율동을 맺힘에서 풀림으로 가락 잡는 데 유용하다. 4연에서 보이는 뉘우침은 현실에서 벗어버리고자 하는 진정한 탈출의 자세이다. 하지만 5연에서 운명적인 아픔을 근원적으로 풀어낼 수 없음을 표상하고, 7연에서 "빌고 비옵니다. 허공의 안식을 넘어"라는 보다 정신적인 세계를 확대하면서 살풀이의 진실을 성취하고자 하는 세계를 마련하고 있다. 몸으로 표현하는 가장 아름다운 언어를 춤사위로 보는 것

같은 형상화로 만들어 낸 아름다운 작품이다.

5

임연자 시인의 삶은 「살풀이 춤」속에서 진실을 호소하는 진정성, 그것이 시인의 삶이다. 올곧은 성격으로 순수하게 접근하는 시인의 시는 본질을 가깝게 바라봄으로써 부딪침도 있다. 하지만 이 부딪침이 실재적인 독자의 눈을 대신하여 새로운 세계를 발견하는 데 의미체계를 형성한다. 이러한 시작 태도는 삶에 대한 절망에 굴복하지 않고 새로운 세계의 눈뜸의 계기를 마련한다. 이러한 자세는 시적 지평을 더 확장하여 갈 것이라고 믿는다.